Theresa Marrama

Copyright © 2019 Theresa Marrama

Interior art and cover art by digitalhandart

Book cover color by Pachidraws

Book cover graphics by bookcover_pro

All rights reserved.

No part of this publication may be reproduced, stored in a retrieval system, or transmitted, in any form or by any means (electronic, mechanical, photocopying, recording or otherwise), without the prior written permission from Theresa Marrama.

ISBN: : 978-1-7339578-4-7
ISBN-13: 978-1-7339578-4-7

Our differences set us apart from others,
but sometimes they bring us together.

TABLE DES MATIÈRES

Chapitre un..1

Chapitre deux.....................................3

Chapitre trois......................................6

Chapitre quatre 9

Chapitre cinq....................................12

Chapitre six.......................................14

Chapitre sept....................................16

Chapitre huit.....................................20

Chapitre neuf....................................22

Chapitre dix......................................25

Glossaire...31

ACKNOWLEDGMENTS

A big **MERCI BEAUCOUP** to the following people. Not only did all of you provide great feedback but you are always there to look over my work whenever asked! Cécile Lainé, Anny Ewing, Françoise Piron, Melynda Atkins, Kristin Bruno Archambault, Bess Hayles and Audrey Misiano.

Chapitre 1
Léo

« Ohhhh ! Je veux être plus courageux ! Si je suis plus courageux je peux avoir un ami » pense Léo.

Léo est un chat. Il n'est pas comme les autres chats. Il est grand mais il n'est pas très grand. Il n'est pas petit mais il est petit comparé aux autres chats de son âge. Léo a 5 ans.

Léo habite à Québec. Québec est au Canada. Léo habite dans une forêt à Québec. Il habite dans une forêt ancienne. La forêt s'appelle « Parc du Bois-Beckett ». Il y a beaucoup d'arbres, de plantes et d'oiseaux dans la forêt.

Léo a un problème. Léo n'est pas comme les autres chats. Les autres chats aiment courir après les souris. Léo est différent. Léo est très différent des autres chats. Il a peur des souris. Il a très peur des souris. Il n'aime pas courir après les souris comme les autres chats. Il n'aime pas quand les souris sont très petites. Léo n'est pas un chat normal.

Chapitre 2
Anton

« Ohhhh ! Je veux avoir un ami » pense Anton.

Anton est une souris. Il n'est pas grand. Il est petit. Il est plus petit que les autres souris de son âge. Anton a 2 ans.

Anton habite à Québec au Canada.

Anton habite dans une forêt à Québec. Il habite dans une forêt ancienne. La forêt ancienne s'appelle « Parc du Bois-Beckett ». Il y a beaucoup d'arbres. Il y a beaucoup de plantes et il y a beaucoup d'oiseaux dans la forêt.

Anton a un problème. Anton est différent. Il est différent parce qu'il n'a pas peur des chats.

Il habite près d'un grand arbre avec sa famille. Il a une maman et un papa. Son papa est une grosse souris. Son papa n'est pas sympathique. Il est strict. Il est très strict. Il ne comprend pas pourquoi Anton n'est pas comme les autres souris. Il ne comprend pas pourquoi Anton n'a pas peur des chats. Sa maman est une grosse souris comme son papa.

Sa maman n'est pas méchante. Sa maman n'est pas stricte. Elle est sympathique. Elle comprend pourquoi

Anton n'a pas peur des chats. Il n'a pas peur des chats parce qu'il est très courageux.

Chapitre 3

Le papa d'Anton

Un jour Anton est à la maison. Il veut explorer. Il veut explorer toute la forêt. Il a un problème : son père. Son père est strict et il ne veut pas qu'Anton explore la forêt. Il ne veut pas qu'il explore la forêt parce que s'il voit un chat, il n'a pas peur.

- Papa, je veux explorer la forêt ! dit Anton.

- Anton, tu ne peux pas explorer la forêt, dit son papa d'un ton méchant.

- Mais Papa, je suis curieux. Je veux voir toute la forêt, dit Anton.

Son papa le regarde. Il ne répond pas. Il ne comprend pas Anton. Il est différent. Il est très différent.

- Pourquoi est-ce que je ne peux pas explorer la forêt, papa ? demande Anton.

- Tu ne peux pas explorer la forêt, Anton ! Tu n'as pas peur des chats ! Il y a beaucoup de chats dans la forêt, explique son papa d'un ton sérieux.

- Mais Papa, je n'ai pas peur des chats ! Si je vois un chat, je peux courir. Je peux courir rapidement ! explique Anton.

- Oui, je comprends, mais tu es trop petit. Un chat, c'est trop grand ! C'est trop dangereux. Je ne comprends pas pourquoi tu n'as pas peur des chats ! répond son papa.

Anton n'est pas content. Son papa est méchant. Il est trop strict. Anton est une souris qui veut explorer la forêt. Oui, il n'a pas peur des chats. Ce n'est pas un problème pour Anton.

Chapitre 4
Anton explore la forêt

Un jour Anton est à la maison. Il veut explorer. Il veut explorer toute la forêt. Il a un problème : son père est strict et il ne veut pas qu'Anton explore la forêt. Il ne veut pas qu'il explore la forêt parce qu'Anton n'a pas peur des chats. Son papa pense que c'est trop dangereux.

- Papa ! crie Anton.

Son papa ne répond pas.

- Papa ! Est-ce que tu es dans la maison ? demande Anton.

Son papa ne répond toujours pas.

Anton cherche son père. Il le cherche

dans la maison mais il ne le voit pas. Son père n'est pas à la maison. Anton est seul dans la maison. Il veut tellement un ami.

Il pense à la forêt. Il pense à explorer la forêt. Il marche vers la porte de sa maison. Sa maison est petite. Anton habite au centre de la forêt. Il ouvre la porte et il marche dans la forêt. Enfin, il peut explorer ! Il est content.

Il marche et marche dans la forêt. Il explore toute la forêt ! Quand il marche, il voit beaucoup d'arbres. Il voit beaucoup de plantes. Il voit beaucoup d'oiseaux qui volent et qui sont dans les arbres.

Tout à coup, il voit un chat. Il voit un chat près d'un petit arbre. Il court vers le chat. À ce moment, le chat le voit. Le chat le voit et court. Mais il ne va pas dans la direction d'Anton. Il court dans l'autre direction. Le chat court rapidement dans l'autre direction ! Que c'est bizarre !

Chapitre 5
Léo voit une souris

Un jour, Léo est dans la forêt. Il est seul. Il marche et marche dans la forêt. Il explore et quand il marche il voit beaucoup de choses. Il voit beaucoup d'arbres. Il voit beaucoup de plantes. Il voit beaucoup d'oiseaux qui sont dans les arbres.

Tout à coup, il voit un petit animal. C'est une petite souris qui explore la forêt.

À ce moment, Léo a peur. Léo a très peur. Il n'aime pas les souris. Léo regarde la souris pendant un moment. Il a peur que la souris le voie. Mais... la souris se retourne et elle le voit. La souris regarde Léo pendant un moment. La souris n'a pas peur et court vers Léo. Immédiatement, Léo court. Il ne court pas vers la souris comme un chat normal. Il court rapidement dans l'autre direction, loin de la souris. Il ne veut plus voir la souris.

Chapitre 6
Léo

Léo court. Il court beaucoup. Il court loin de la souris. Enfin, il est derrière un arbre dans la forêt.

Léo est anxieux. Il regarde derrière lui et cherche la souris. Il regarde dans toutes les directions. Il ne voit pas la souris. Il est content.

Il pense à la souris. Il pense au moment où il a vu la souris dans la forêt :
« *Pourquoi est-ce que la souris court après moi ? Ce n'est pas normal ! Normalement, quand une souris voit un chat, elle court dans l'autre direction. Les souris n'aiment pas les chats. Les souris ont peur des chats.* » Léo ne comprend pas.

Immédiatement après son expérience avec la souris, Léo ne veut plus marcher dans la forêt.

Chapitre 7
Le papa d'Anton

Anton court vers la maison. Il ouvre la porte de sa maison. À ce moment, il voit son papa. Il est dans la maison.

Son papa le regarde. Il crie : Anton ! Où étais-tu ?

Anton comprend par le ton de son papa qu'il n'est pas content. Il n'est pas seulement furieux. Il est aussi déçu.

Anton regarde son papa et dit : J'étais dans la forêt, Papa. J'étais près de la maison.

Son papa ne répond pas pendant un moment. Il regarde Anton et tout à coup il crie :

- ANTON, tu étais dans la forêt ? Tu ne PEUX pas explorer la forêt ! Si tu vois un chat...

Il y a un moment de silence...

- Si tu vois un chat, c'est très dangereux ! Les chats courent après les souris, Anton. Tu n'es pas comme les autres souris. Tu es différent. Tu n'as pas peur des chats. Normalement, si une souris voit un chat, elle court dans l'autre direction. Mais pas toi ! N'explore pas la forêt ! Tu comprends ? lui dit son père d'un ton strict.

Anton regarde son père en silence.

- Tu m'entends Anton ? demande son Papa.

- Oui, je t'entends Papa.

Anton pense. Il pense au chat dans la forêt. *« Le chat dans la forêt n'a pas couru après moi. Il a couru dans l'autre direction. »* Anton ne comprend pas.

Chapitre 8
Léo

Léo marche seul dans la forêt. Il regarde dans toutes les directions quand il marche. Il ne veut plus voir la souris.

Léo est triste. Il ne comprend pas pourquoi il a peur des souris. Il ne veut pas avoir peur des souris. Il veut être courageux. Il veut être comme les autres chats. Il comprend qu'il est différent mais il ne veut pas être différent. Il veut tellement être un chat normal.

Léo pense. Il pense à la souris dans la forêt. « *La souris dans la forêt a couru après moi. Elle était très petite. Pourquoi est-ce que je ne peux pas être courageux ?* » Léo ne comprend pas.

Léo pense à la forêt. Il pense à la souris dans la forêt. Il pense à son expérience quand il était dans la forêt ce matin. Il veut être normal mais il veut tellement avoir un ami. Les autres chats ne sont pas sympathiques. Les autres chats sont méchants. Ils sont méchants et se moquent de Léo parce qu'il est différent. Léo ne veut pas attaquer les souris. Il pense que c'est méchant. Il ne veut pas être méchant. Il veut être sympathique. Il veut avoir un ami sympathique.

Chapitre 9
La maman d'Anton

Anton est à la maison. Son papa n'est pas à la maison mais il voit sa maman.

Sa maman le regarde. Elle voit bien qu'il est triste. Elle dit :

- Anton ! Quel est le problème ?

Anton comprend par le ton de sa maman qu'elle est curieuse. Il n'est pas content après la conversation avec son papa.

Anton regarde sa maman et dit :

- Maman, je suis triste. Je veux tellement avoir un ami. Papa est strict et il dit que je ne peux pas explorer la forêt.

Sa maman ne répond pas pendant un moment. Elle regarde Anton et dit :

- Anton, ton papa est strict mais il t'aime. Il a peur qu'un chat t'attaque.

Il y a un moment de silence...

- Si je vois un chat, oui, c'est très dangereux ! Je comprends que les chats courent après les souris, maman. Mais je ne suis pas comme les autres souris. Je suis différent. Je n'ai pas peur des chats. Normalement, si une souris voit un chat, elle court dans l'autre direction. Mais pas moi ! Je veux explorer la forêt ! Je n'ai pas d'ami ! Je suis tout seul. Je veux tellement avoir un ami, maman, dit Anton d'un ton sérieux.

La maman d'Anton le regarde en silence. Elle pense. Elle pense à la forêt et à toutes les choses dangereuses dans la forêt.

Chapitre 10
Anton

Anton est près de la maison. Il n'explore pas. Il est seul. Il ne veut pas être seul. Il veut avoir un ami. Il ne peut pas avoir d'amis s'il ne peut pas explorer.

Anton voit un oiseau dans un arbre. L'oiseau vole vers Anton. Anton ne comprend pas. L'oiseau n'est pas sympathique. Il est méchant. Anton veut courir. Il comprend que s'il court dans la forêt, son papa va être furieux. À ce moment, l'oiseau vole en direction d'Anton pour l'attaquer. Anton court dans l'autre direction mais l'oiseau vole derrière lui. Anton a peur. Il a très peur.

À ce moment il entend son papa :

- Anton ! Anton ! N'explore pas la forêt ! Tu entends ?

Anton ne peut pas répondre. Il court rapidement. Il voit le chat qui a couru dans la forêt hier. Il crie : « Aide-moi ! L'oiseau vole après moi. Il veut m'attaquer. »

Léo voit Anton. Il le regarde et il voit l'oiseau voler derrière lui. Il voit bien que l'oiseau veut attaquer Anton. Léo regarde la souris. Il voit bien qu'elle a peur ! Tout à coup, sans penser, il court en direction de la souris et il court après l'oiseau ! Après un moment, le méchant oiseau vole dans l'autre direction.

Anton regarde le chat. À ce moment, son père, qui regardait nerveusement, veut courir vers Anton. Il ne veut pas que le chat attaque Anton.

Son père entend Anton qui parle au chat. Il dit : « Merci ! Merci beaucoup ! Tu es sympathique et courageux ! »

- Non, je ne suis pas courageux. Normalement, je cours parce que j'ai peur des souris. Tu es courageux ! Tu n'as pas peur de grand chose, répond Léo.

Les deux animaux parlent dans la forêt.

- Tu veux explorer la forêt ? demande Léo.

Anton regarde Léo et dit d'un ton triste :

- Je veux explorer la forêt mais je ne peux pas. Mon père pense que c'est très dangereux.

- Ce n'est pas dangereux si tu explores avec un chat, dit Léo.

Le père et la mère d'Anton les regardent, mais ils ne sont pas anxieux. Son père voit bien que le chat ne veut pas attaquer Anton. Son papa est content. Il regarde la mère d'Anton. Les deux souris marchent vers Anton et Léo.

- Anton n'a pas peur des chats, dit sa mère à son père.

- Oui, Anton est différent. Il n'a pas peur des chats, dit son Papa.

- Anton n'est pas seulement différent. Il est courageux, répond sa mère.

À ce moment, Anton voit son papa et sa maman.

Papa ! Est-ce que je peux explorer la forêt avec mon ami ?

Léo entend qu'Anton a dit « mon ami. » Il est content. Il est très content. Il a un ami. Il n'a pas peur. Il n'est pas anxieux.

Le papa d'Anton regarde le chat et il regarde Anton. Il y a un moment de silence.

Il dit :

- Oui, Anton. Tu peux explorer la forêt !

Son papa et sa maman regardent les deux amis qui marchent dans la forêt. Enfin, Anton n'explore plus la forêt seul. Il a un ami. Il ne court plus après le chat, il court avec le chat !

Glossaire

A

a - (s/he) has
âge - age
ai - (I) have
aide - help
aime - (s/he) likes/loves
aiment - (they) like/love
ami(s) - friend(s)
ancienne - ancient
animal - animal
animaux - animals
ans - years
anxieux – anxious, nervous
après - after
arbre(s) - tree(s)
as - (you) have
attaque - (s/he) attacks
attaquer - to attack
au - in (the), to the, about the
autre(s) - other(s)
aux - to the
avec - with
avoir - to have

B

beaucoup - a lot

C

ce - this
centre - center
chat(s) - cat(s)

cherche - (s/he) looks for
comme - like, as
comment - how
comparé - compared
comprend - (s/he) understands
comprends - (I) understand, (you) understand
content - happy
conversation - conversation
courageux - courageous, brave
courent - (they) run
courir - to run
cours - (I) run
court - (s/he) runs
couru - ran
crie - (s/he) yells

curieuse - curious
curieux – curious

D

dangereuses - dangerous
dangereux - dangerous
dans - in
de - of
demande - (s/he) asks
derrière - behind
des - of
deux - two
différent - different
direction(s) - direction(s)
dit - (s/he) says
du - some, of

e

elle - she
en – in
enfin - finally
entend - (s/he) hears
entends - (I) hear, (s/he) hears
est - (s/he) is
et - and
étais - (I) was, (you) were
était - (s/he) was
être - to be
expérience - experience
explique - (s/he) explains
explore - (s/he) explores
explorer - to explore

F

famille - family
fois – time
forêt - forest
furieux - furious

g

grand - big
grosse - fat

h

habite - (s/he) lives
hier – yesterday

i

il - he
ils - they
il y a - there is, there are

immédiatement - immediately

j

je - I
jour - day

l

la - the
le - the, him
les - the, them
lui - to him

m

mais - but
maison - house
maman - mom
marche - (s/he) walks
marchent - (they) walk
marcher - to walk
matin - morning
me- me, to me
méchant(e) - mean
merci - thanks
moi - me
moment - moment
mon - my

n

ne...pas - does not
ne...plus - no longer, anymore
nerveusement - nervously
non - no
normal - normal
normalement - normally

o

oiseau(x) - bird(s)

ont - (they) have
oui - yes
ouvre - (s/he) opens

p

papa - dad
par - by
parc - park
parce que - because
parle - (s/he) talks
parlent - (they) talk
pendant - during
pense - (s/he) thinks
penser - to think
père - father
petit(e)(s) - small
peur - fear
peut - (s/he) can
peux - (I) can, (you) can
plantes - plants
plus - more
porte - door
pour - for
pourquoi - why
près - near
problème - problem

q

qu' - that
quand - when
que - than, that
quel(le) - which, what
qui - who

r

rapidement - quickly

répond - (s/he) responds
répondre - to respond
regardait - (s/he) was looking at
regarde - (s/he) looks at

S

s'appelle - (s/he) calls himself
sa - his, her
sans – without
seulement - only
se moquent – (they) make fun of
se retourne - (s/he) turns around
sérieux - serious
seul - alone

si - if
silence - silence
son - his/her
sont - (they) are
souris - mouse, mice
sous - under
strict(e) - strict
suis - (I) am
sympathique(s) – nice

t

t' – you
tellement - so much
toi - you
ton - your
toujours - still
tous - all
tout - all

tout à coup - all of a sudden
toute(s) - all
très - very
triste - sad
trop - too
tu - you

U

un(e) - a, an

V

va - (s/he) goes
vers - towards
veut - (s/he) wants
veux - (I) want, (you) want
voie - (s/he) sees
voient - (they) see
voir - to see
vois - (I) see, (you) see
voit - (s/he) sees
vole - (s/he) flies
volent - (they) fly
vu - saw

Y

y - there

ABOUT THE AUTHOR

Theresa Marrama is a French teacher in Northern New York. She has been teaching French to middle and high school students for 11 years. She has translated a variety of Spanish comprehensible readers into French. She is also a published author. She enjoys teaching with Comprehensible Input and writing comprehensible stories for language learners. You can learn more about her on her website: www.compellinglanguagecorner.com

Her books include:

Une Obsession dangereuse, which can be purchased at www.fluencymatters.com

Her books on Amazon include:

Une disparition mystérieuse
Una desaparición misteriosa
L'île au trésor: Première partie: La malédiction de l'île Oak
La ofrenda de Sofía
Luis y Antonio

Made in the USA
Middletown, DE
25 September 2023

39339423R00027